Maulwurf unter Glas
Elementarnotizen: Erde

AF300613

Ignaz Kernbart

Maulwurf unter Glas

Elementarnotizen: Erde

Bibliografische Information der Deutschen Nationalbibliothek
Die Deutsche Nationalbibliothek verzeichnet diese Publikation in der Deutschen Nationalbibliografie; detaillierte bibliografische Daten sind im Internet über http://dnb.d-nb.de abrufbar.

ISBN: 978-3-8192-6451-1

Copyright (2025) Ignaz Kernbart
Verlag: BoD · Books on Demand GmbH,
Überseering 33, 22297 Hamburg,
bod@bod.de
Druck: Libri Plureos GmbH,
Friedensallee 273, 22763 Hamburg
Alle Rechte bei dem Autoren.

12,99 Euro

Vorwort

Ignaz Kernbart über das Graben, das Bleiben und die Erde

Ich habe nie viel verstanden von dem, was hoch ist. Die Dinge über mir waren mir oft zu laut, zu schnell, zu wechselhaft. Wenn ich etwas suchte, dann nie im Himmel, sondern eher im Halm, im Staub, im Bröckeln eines alten Beets.

Die Erde war immer da. Nicht als Idee, sondern als Gegenüber. Sie widerspricht nicht, sie bewertet nicht. Sie trägt, sie schluckt, sie formt. Und sie hört zu, auf eine Art, die ich keinem Menschen je zugetraut habe.

Ich bin kein Gärtner und auch kein Geologe. Ich habe keine Ahnung von Bodenbeschaffenheit oder Pflanzennamen. Aber ich habe lange gesessen. Im Dreck. In Senken. Am Rand von Komposthaufen. In Gruben, die keiner mehr brauchte. Und ich habe gemerkt: Die Erde antwortet nicht, aber sie erinnert.

Diese Gedichte sind keine Oden. Sie sind keine Botschaften. Sie sind das, was zurückbleibt, wenn man lange genug unten war. Wenn man aufgehört hat, etwas zu wollen – und begonnen hat, zu sein.

Warum Erde?
Weil alles, was bleibt, dort hingeht.
Und weil vieles, was wächst, von dort kommt.

Ich habe diesen Band geschrieben,
nicht um etwas zu sagen –
sondern um nicht länger zu schweigen.

Ignaz Kernbart
Bobitz, im frühen Nebel

maulwurf unter glas

Ich grub
gegen das Licht
in Richtung Inneres

hörte die Wurzeln atmen
sah das Zittern im Lehm

dachte an Hautberg
an das Becken
in dem Worte keimten

und fand
nichts
als einen warmen Stein

unter mir

ich legte mich flach
auf das gelagerte Feld
der Regen kam quer
und wusch mir die Stirn
wie einer, der bleiben wollte

die Erde nahm mich nicht
aber sie roch mich

ich lauschte den Wurmgängen
und den Steinen
die sich bewegten
wenn niemand hinsah

das Moos war klug
es wuchs nicht nach oben
sondern zur Seite
in Erinnerung an den Wind
den es einmal kannte

ich grub mit bloßen Händen
nur aus Neugier
nicht aus Gier
nicht aus Trotz
nur aus einem Gedanken heraus
den ich beim Graben verlor

unter mir war es weich
nicht wie Kindheit
sondern wie etwas
das nie Kindheit hatte

ich fand ein Stück Draht
das keinem Zweck mehr diente
ich fand ein Stück Wurzel
das noch nach oben zeigte
und ich ließ beides liegen
wie man Schuld liegen lässt
wenn keiner hinsieht

als ich zurückkam
war ich mir unsicher
ob ich je oben gewesen war

wurmverkehr

ich legte einen Stein zur Seite
und darunter war das Gedränge
nicht hastig
nicht panisch
nur: unterwegs

keiner wollte irgendwo hin
alle wollten bloß nicht oben sein
so viel war sicher

sie wanden sich
nicht umeinander
sondern umeinander herum
als hätten sie ein Abkommen
nicht zu stören

ich streckte den Finger aus
und wartete
bis einer mich berührte
nicht aus Neugier
nicht aus Angst
nur weil ich da war

sein Leib war kühl
und unentschieden
zwischen Eins und Zwei
zwischen Vor und Noch

ich fühlte mich gesehen
aber nicht erkannt

sie redeten nicht

doch ich hörte alles
in ihren Bahnen
lag eine Logik
die wir nicht brauchen
weil wir sie nicht kennen

ich blieb lange so
den Stein in der Hand
die Erde offen
das Gedränge still
und in mir
eine Frage
die sich nicht bewegen wollte

am Abend regnete es
sie stiegen auf
und legten sich
wie Sätze
auf den Asphalt
voller Bedeutung
und dem Wissen
dass keiner sie lesen kann

lehmzungen

ich trat in den Lehm
und er trat zurück
nicht mit Gewalt
sondern mit einem leisen Schmatzen
das klüger war als alles Gerede

ich blieb stehen
und wartete
bis er mich kannte
bis er wusste
wie mein Gewicht fiel
wie mein Schritt dachte

es gibt keine Sprache
die sich so langsam legt
wie eine Zunge aus Lehm
die einmal geleckt hat
und dann schweigt

ich sah eine Spur
sie war nicht von mir
doch ich konnte sie lesen
wie eine Erinnerung
an jemanden
den ich nie traf

ich ging nicht weiter
ich ging nur tiefer
und der Lehm
ließ mich denken
ich sei gemeint

matschepampe

es war der tag nach dem tag
an dem alles begann zu sinken
die schuhe standen noch
aber der rest war weg

ich fand mich wieder
in einem Ackerloch
die Wände weich
und willig
sie hielten nicht fest
aber auch nicht offen

ich griff nach etwas
das kein Griff war
und zog
eine matschepampe
aus dunkler zeit

sie tropfte
in mein Inneres
nicht durch die Haut
sondern durch den Begriff
ich nannte sie kurz
und sie blieb

mein Gesicht war Erde
meine Arme Teig
meine Gedanken
waren kaum gebacken

ein Wurm kroch aus meiner Lippe
und sagte nichts

aber ich verstand:
nichts muss hart sein
um wahr zu sein

ich schlief dort
nicht lange
aber tief
und beim Erwachen
war ich
nur noch halb oben

vor dem graben

ich stand nur da
nicht lange
aber deutlich

das feld war offen
die luft ungeklärt
und mein schritt
zögerte noch

etwas wartete
nicht sichtbar
nicht fordernd
nur gegenwärtig

ich spürte
keinen ruf
keinen druck
keine frage

nur das ganz leise
bereit

die finger kribbelten
nicht aus nerv
sondern aus nähe
zu etwas
das mich schon kannte

ich senkte den blick
und da war sie
die erste stelle
nicht besonders

nicht anders
nur geeignet

ein ort
an dem etwas beginnen konnte
ohne zu wissen
wohin es führt

oberfläche

ich tastete nach licht
aber es war nicht warm
nur hell

meine hand war schwer
vom lehm
vom vergehen
vom verweilen

ich stieß auf luft
als wäre sie ein stoff
der nicht zu mir passte

es roch nach wasser
nach vogel
nach wind
alles zu laut
zu flink
zu ungeduldig

ich blinzelte nicht
ich sah nicht
ich schien

unter meinen fingern
die erde
die mich kannte
die ich nicht verließ
sondern nur
berührte

über mir das viele

neben mir das stille
und in mir
das geglückte graben

ich blieb nicht oben
ich stieg nicht hinab
ich ruhte
zwischen

humusgedächtnis

nichts wird vergessen
es wird nur dunkel

der humus merkt sich
jede feuchte schicht
jeden fauligen kern
jeden sturz
und auch die worte
die man hineingeschrien hat
aus wut
aus kind
aus nicht wissen wohin

er wiederholt sie nicht
er hebt sie nicht auf
er trägt sie einfach
ohne widerstand
ohne form

der apfelrest
die ratte
der fehldruck
das versprochene
alles liegt dort
gleich gültig
gleich warm
gleich bereit

wer sich bückt
und gräbt
kriegt keine antwort
aber manchmal

eine spur
einen brösel
der den falschen namen trägt

ich habe einmal
mit bloßen händen
nach einem satz gesucht
den ich gesagt haben soll
und fand
einen fingernagel
den niemand vermisste

seitdem weiß ich
humus hat gedächtnis
aber keine reihenfolge

blindengang

ich kroch nicht
weil ich musste
sondern weil ich wollte
dass die richtung verschwindet

der gang war da
vor mir
hinter mir
überall
aber ich sah ihn nicht

ich tastete mit den schultern
ließ die knie reden
vertraute dem stoß
mehr als dem plan

links war nichts
rechts war feuchter
oben war
nur ein gedanke
den ich verloren hatte

in der ferne
ein schmatzen
vielleicht ich selbst
vielleicht etwas
das tiefer wusste
wie man geht
ohne anzukommen

meine finger fanden
eine wurzel

die zurückwuchs
und ein stück draht
das gebogen war
wie ein ja
mit zweifel

ich ging weiter
bis das licht
nur noch erinnerung war
und der boden
mir endlich vertraute

moorschwelle

ein falscher schritt
und du bleibst
nicht weil es zieht
sondern weil du aufhörst
dich zu wiegen

das moor kennt keine feinde
nur eindringlinge
die zu viel wollen
und dann
zu viel sind

ich stand am rand
nicht aus angst
sondern weil ich wusste
was mitte bedeutet

die gräser flüsterten
nicht wie stimmen
sondern wie frühe atemzüge
aus der zeit
als noch nichts fest war

ich legte meine hand
ins braune
und spürte
das langsame denken
der pflanzen
das schweigen der luftblasen
die nie platz bekamen

der boden war bereit

mich zu halten
solange ich nichts wollte

ich sagte ihm nichts
und bekam
alles

steinhunger

ich wollte einmal
nicht weich sein
nicht verformbar
nicht offen

ich sah die steine
wie sie lagen
einander egal
der welt genug

kein flehen
kein faulen
nur: dasein
ohne absicht

ich legte mich daneben
tat so als sei ich einer
aber mein atmen
verriet mich

sie nahmen mich nicht auf
und das war das schönste daran
denn ihr schweigen
war vollständig

ich biss in einen
und schmeckte
gar nichts

endlich
etwas
das ich nicht

verändern konnte

grabung mit löffel

der erste stich war flach
und der zweite auch
ich suchte nichts
aber ich wollte wissen
ob etwas da ist

die erde war nachgiebig
wie erinnerung
an etwas
das nie ausgesprochen wurde

mit einem alten löffel
aus der küchenschublade
aus dem leben davor
kratzte ich schicht um schicht
nicht tief
nur lang
wie ein gedicht
ohne mut

ich fand
einen knopf
ein stück papier
ein beinchen
von etwas
das nie fliegen konnte

ich nahm nichts mit
ließ alles liegen
wie es war
nur mein abdruck
blieb als frage zurück

pfützenspiegel

ich stand
mit einem fuß im wasser
dem anderen im versprechen
nicht zu stolpern

die pfütze war neu
aber kannte mich
ich hatte ihr nichts getan
und sie spiegelte mich trotzdem

nicht mein gesicht
nicht mein körper
nur die möglichkeit
dass ich da bin

eine libelle setzte sich
nicht auf mich
nicht auf das wasser
sondern auf die ruhe

ich beugte mich vor
sah hinein
aber das bild war träge
es blieb
es zeigte nicht
es wartete

der himmel war zu hell
die farbe zu klar
ich wollte schlamm
ich wollte abgrund
aber bekam spiegel

und je länger ich sah
desto mehr war ich
nicht zu sehen

da unten
war nicht ich
aber etwas
das mir gleichkam

es hob die hand
nur leicht
und ließ sie
langsam
versinken

als ich mich aufrichtete
war alles noch da
die pfütze
die form
der himmel

nur ich
war anders

kalter torf

es gibt erde
die warm bleibt
auch im vergessen
und es gibt torf

ich stieg in ein becken
das keines war
sondern ein bett
aus zeit
das niemand je gemacht hatte

der boden federte nicht
er nahm
und schwieg
wie ein alter freund
der nicht mehr fragt

ich roch
was andere begraben hatten
nicht aus schuld
sondern aus sorge
dass es sonst niemand täte

ein stück wolle
ein glasauge
ein stimmbruch
in einem glas

ich hob nichts auf
ich ging nur tiefer
und spürte
wie es unter meinen knien

kälter wurde

nicht frost
nicht eis
nur ein vergessen
das schon lange lebt

ich legte mich flach
ließ mich drücken
von unten
von innen
vom noch-da-sein

der torf war nicht tot
aber er sprach nicht mehr

nur ab und zu
ein blubbern
als hätte jemand
doch noch atmen wollen

wurzelkamm

ich grub mich nicht
ich ließ mich finden

die wurzeln waren zuerst
fein wie haar
dann dick wie finger
am ende klamm
aber da

sie hielten nicht fest
sie gaben nur richtung
nicht ziel
nicht sinn
nur richtung

ich folgte einer
wie man einem gedicht folgt
von dem man nur
den anfang kennt

sie bog ab
sie zögerte
sie wuchs zurück
sie tastete
sie zweifelte
sie teilte sich

und ich verstand:
nichts hier meint dich
aber alles nimmt dich auf

der kamm war nicht gemacht

er war gewachsen
aus jahren
aus schlägen
aus speichel
und staub

ich legte mein ohr
an das knotenwerk
hörte nichts
und trotzdem
war es voll

ich verirrte mich
nicht in den gängen
sondern in der möglichkeit
dass alles richtig sein könnte

als ich den kopf hob
war es dunkel
aber ich wusste
welche richtung mich
nicht verlässt

lagerung

es gibt eine art zu liegen
die nicht aufstehen meint
keinen bruch
keinen schwung
keinen plan

ich lernte sie
als die tage
zu weich wurden
um sie zu zählen

ich schob mich in ein beet
nicht aus flucht
nicht aus lust
nur aus bedarf
zu ruhen

die erde nahm mich
wie eine zweite decke
nicht warm
aber willig
mich zu dulden

ich spürte
die käfer unter mir
sie gruben nicht
sie lebten einfach
zwischen dem,
was andere zurückließen

mein rücken vergaß
was gerade war

mein becken
verlor den druck
und ich wurde:
gelagert

nicht abgelegt
nicht weggeschoben
sondern
aufgehoben
wie etwas
das man später vielleicht
noch brauchen könnte

über mir
kein licht
nur gedanken
die endlich
nichts wollten

ich lag
nicht lange
aber genug
um zu wissen
dass die zeit
keinen standpunkt hat

staubgewächs

ich pustete
nur leicht
und es war weg

der staub hatte
lange gewartet
unter der fliese
im falz
zwischen zwei worten
die man nie
aussprach

er war kein dreck
er war sammlung
von allem
was nicht mehr halten wollte

haare
häute
reste
gedanken

ich beugte mich hinab
nicht aus scham
sondern aus dem wissen
dass das tiefe
nicht laut wird

mit der fingerspitze
zog ich eine linie
durch das graue
und die linie blieb

ein staubgewächs
entstand
nicht aus leben
sondern aus bleibe

es wuchs
seitlich
nicht aufrecht
aber bestimmt

ich hauchte
einen namen
und es fiel
nicht
es drehte sich
und blieb

kompostdenken

nichts stirbt
wie es aussieht

der apfel
verzieht sich
nicht weil er traurig ist
sondern weil er weiß
was kommt

ich saß am rand
des haufens
nicht um zu lernen
sondern um zu lauschen

es knackte
es gaste
es ging
langsamer
als jede zeit
die ich kannte

was übrig war
sprach nicht mehr
von dem, was es war
sondern davon
wohin es will

ein stück brot
ein halbes ei
ein fingerhut voll
lilie

sie schrumpften nicht
sie wechselten
sie gaben ab
an alles
was unten wartete

ich dachte lange
über das wort:
verwertung

aber der kompost
dachte anders
nicht in nutzen
sondern in form

er formte
aus verfallenem
ein versprechen
ohne absicht

und ich
blieb sitzen
bis es warm wurde

grabstelle

kein kreuz
kein stein
nur eine vertiefung
in der der wind
anders klingt

ich habe dort
nichts beerdigt
aber vieles
dort gelassen

regenfall

der regen fiel
nicht auf mich
sondern in mich

und die erde
unter mir
saugte schneller
als ich denken konnte

Nachwort
Über das Gewicht der Dinge unter uns

Ich habe mich lange mit Erde beschäftigt. Nicht
aus wissenschaftlichem Interesse, sondern aus
Nähe. Ich habe mich in sie gesetzt, in sie gelegt,
habe mich ihr überlassen – so oft es ging. Dabei
habe ich begriffen: Der Boden ist nicht einfach
das, worauf wir gehen. Er ist das, was uns hält.
Immer.

Alles, was wir sind, fällt irgendwann in ihn zurück.
Er nimmt es auf – unsere Fehler, unsere Reste,
unsere Geschichten. Aber er trägt nicht
unendlich. Und er verzeiht nicht alles.

In manchen Nächten habe ich mit bloßen
Händen kleine Plastikteile aus der Erde gezogen.
Bonbonpapier, Schraubenkappen, Deckel.
Dinge, die dort nicht hingehören, aber bleiben.
Sie wachsen nicht. Sie verwesen nicht. Sie sagen
nichts – aber sie stören.

Wenn es eine Bitte gibt, die ich aus diesem Buch
herausreichen möchte, dann ist es diese:
Verschmutzt ihn nicht, den Boden.
Weder mit Müll
noch mit Eile
noch mit Gleichgültigkeit.

Er ist nicht unter uns.
Er ist mit uns.
Er ist, was uns am Ende
noch trägt.

Ignaz Kernbart
unterwegs, immer mit einem Bein im Dreck

44